www.ingramcontent.com/pod-product-compliance
Lightning Source LLC
Chambersburg PA
CBHW060855220526
45466CB00003B/1385
* 9 7 8 1 6 9 3 8 5 9 0 1 4 *